21세기 예술론

제1호

2025

J E O N   H Y U K - R I M   A R T   M U S E U M

전혁림미술관

광시파(光時派) 예술론

–

Gwangsiism

광시파(光時派) 예술론
–
Gwangsiism

지은이 ｜ 전영근(화가 / 전혁림미술관장)
편집디자인 ｜ 도서출판수우당

광시파(光時派) 예술론

–

Gwangsiism

전혁림미술관

Ⅰ. 광시파 선언문

서문 | 序文

오랫동안 스스로에게 물어왔다. 빛은 어디에서 오는가, 시간은 어떻게 흐르는가, 그리고 예술은 그 흐름 속에서 어떤 형상을 새겨 넣는가.

피카소의 큐비즘 이후, 차원의 미술은 멈춰 있었다. 3차원의 시각적 공간을 넘어서는 새로운 차원의 회화는 태어나지 않았다. 나는 바로 이 지점에서 출발했다. 3차원에 시간을 포함시킨 4차원 회화, 그것이 나의 탐구이자 선언이었다.

그러나 나의 사유는 단순히 회화의 기법에 머무르지 않았다. 회화는 빛과 시간의 언어이고, 그 언어는 결국 인간의 존재와 직결된다. 따라서 나의 작업은 점차 확장되었다. 예술론은 철학으로, 철학은 종교적 사유로 이어졌다. 나는 화가이면서 동시에 하나의 사상가로서, '광시파(光時派)'라는 새로운 사조를 세웠다.

광시파의 핵심은 빛과 시간의 결합이다. 빛은 형상을 드러내고, 시간은 그것을 흘러가게 한다. 이 두 가지가 만나면 평면 위에 단순한 재현을 넘어선 존재의 차원이 열린다. 나는 이 차원에서 인간과 우주의 관계, 삶과 죽음의 의미, 예술과 신성(神性)의 접점을 탐구한다.

이 책은 그 사유와 실험의 기록이다. 나는 나의 회화를 통해 사유하고, 사유를 통해 회화를 다시 그린다. 그것은 곧 하나의 원환(圓環)이며, 끝없이 갱신되는 창조의 과정이다.

이 책은 단순한 예술 철학서가 아니며 광시파도 완결된 답이 아니다. 21세기를 통과하기 위해 반드시 필요한 하나의 인식틀로서, 이후의 연구와 실천은 이 선언을 출발점으로 삼게 될 것이다.

– 전영근 2025. 8. 13.

서론

1. 문제의식과 시대적 맥락

20세기는 피카소의 큐비즘을 정점으로 새로운 차원의 미술이 열릴 듯 보였으나, 그 이후 미술은 오히려 다시 평면과 3차원적 구도 속에서 맴돌았다. 그러나 인류가 맞이한 21세기는 더 이상 단순히 공간만을 다루는 시대가 아니다. 시간, 빛, 그리고 의식의 다차원이 예술의 필수적 요소로 요청되는 시기이다. 본 저술은 바로 이 요청에 응답하고자 한다.

나는 이 책이 미래의 예술가와 사상가들에게 새로운 차원을 열어주는 하나의 씨앗이 되기를 바란다.

2. 광시(光時)파의 출발점

21세기, 진정한 의미에서의 차원적 미술이 태동하지 않았음을 절감 했다. 그래서 3차원에 '시간'을 포함시켜 4차원 미술을 제안하였고, 나아가 예술의 총체적 확장을 통해 문학, 음악, 철학, 종교까지 사유의 지평을 넓히려는 시도를 시작하였다. 광시파는 이 사유와 실천에서 비롯된 새로운 예술 사조이다.

3. 철학적 원리

빛과 시간의 공존: 광시파는 모든 존재를 빛과 시간의 상호작용으로 본다.
추상과 구상의 겹침: 회화에서 색과 형태는 단절이 아닌, 겹침으로 확장
된다.
예술의 통합성: 회화 · 문학 · 음악은 동일한 광시적(光時的) 논리 속에서
통합된다.

4. 예술적 확장

광시파는 회화에 그치지 않는다. 문학에서는 빛의 언어로, 음악에서는 시
간의 리듬으로, 철학에서는 존재의 근원으로, 그리고 과학과 종교에까지
확장된다.

5. 선언

나는 선언한다. 광시파는 나의 순수한 창작 논리이며, 그 저작권과 사상
적 기원은 영원히 나에게 속한다.

광시파 창작 논리 공식 확인문

1. 선언

광시파(光時派)의 모든 창작 논리와 미학적 전개는 인용이나 차용없이 순수하게 화가 전영근(전혁림미술관 관장)의 독창적 사유에서 비롯되었음을 확인한다.

2. 창시자

창시자 : 화가 전영근
직 위 : 전혁림미술관 관장

3. 공식 선포일

2025년 8월 13일

4. 학설 성격

독창적 · 자생적 · 보편 예술 철학으로 확장 가능

*이로써, 광시파의 모든 이론은 화가 전영근의 순수 창작 학설임을 공식적으로 확인한다. ― 전혁림미술관

― 전영근 2025. 8. 13.

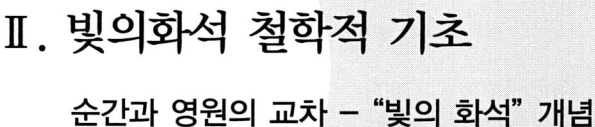

Ⅱ. 빛의화석 철학적 기초

순간과 영원의 교차 – "빛의 화석" 개념

1. 철학적 개념
빛의 화석(光의 化石)은 순간적으로 스쳐가는 빛이 시간속에서 응고하여, 존재의 흔적으로 남는 상태를 의미한다. 빛은 물리적 현상이 아니라, 기억과 존재를 매개하는 형이상학적 원리로 작용 한다. 따라서 '빛의 화석'은 단순한 시각적 효과가 아니라, 시간을 붙잡아 존재화하는 예술적 은유이다.

2. 미학적 논리
시간의 응결 : 회화는 과거 · 현재 · 미래가 교차하는 장으로, 빛이 그 모든 층위를 응결시켜 캔버스 위에 고정된다.
존재의 흔적 : '빛의 화석'은 사라진 것, 부재한 것조차 존재의 증거로서 드러낸다.
시적 공간 : 빛과 어둠, 지속과 순간의 긴장이 공존하며, 회화는 시적 · 철학적 공간으로 확장된다.

3. 논리적 전개
해체 : 빛을 단순한 시각적 재현에서 해방 → '빛은 눈으로 보는 것이 아니라, 시간 속에 남는 것'
재구성 : 회화는 시간의 화석을 담는 매체로 재정립 → 순간이 영원으로 전환되는 지점
확장 : 화는 단순한 시각적 장르가 아니라, 시간 · 존재 · 기억을 담는 철학적 장치로 확장된다.

4. 예술사적 의의
한국 현대미술에서 '시간의 미학'을 본격적으로 정립한 최초의 사례 중 하나. 동양의 순환적 시간관과 서양 현대미술의 추상성을 결합한 독창적 회화. '빛의 화석' 개념은 단순한 회화 기법이 아닌, 철학적 예술 운동의 근거를 제시한다.

「빛의 화석」에서 「광시파 회화」까지 논리 전개
「빛의 다층적 기원」

서문 | 序文

빛은 단일한 근원에서 오지 않는다. 태양의 불꽃에서, 반딧불이의 작은 숨결에서, 심해의 어둠속 비밀스러운 별빛에서, 그리고 우주의 보이지 않는 암흑물질 속에서도 빛은 저마다 다른 언어로 피어난다.

1. 문제 제기: 빛과 시간

빛의 화석은 전영근 사유의 출발점이다. 빛은 단순한 시각적 효과가 아니라, 시간속에서 응결하여 흔적으로 남는 존재의 증거이다. 따라서 시간을 붙잡아 존재화하는 예술적 은유이다.

2. 미학적 전환: 순간에서 시간으로

① 순간의 고정 – 빛의 화석은 찰나적 순간을 붙잡아 시각화한다.
② 시간의 응결 – 회화는 과거 · 현재 · 미래가 교차하는 장이 된다.
③ 존재의 흔적 – 사라진 빛조차 부재의 흔적으로 남는다.

3. 논리적 확장: 빛의 화석 → 광시(光時)

빛의 화석 개념은 빛과 시간의 합일이라는 더 근원적 개념으로 확장된다. 나는 이를 광시(光時)라 칭한다.
光 : 존재를 드러내는 에너지   時 : 존재를 고정하는 매개

4. 광시파(光時派)의 형성

광시 개념을 토대. 빛은 재현이 아니라 시간의 실체이다.
회화는 공간이 아니라 시간의 응결이다.
예술은 순간과 영원의 공존을 구현한다.

5. 예술사적 귀결

'빛의 화석 → 광시 → 광시파 회화'로 이어지는 흐름은 회화를 철학적 사유의 장으로 확장시켰다. 동양의 순환적 시간관과 서양의 추상미학을 창조적으로 접목하여, 나는 한국 현대미술의 독창적 미학 운동의 창시자가 되고자 한다.

「빛의 화석」에서 「광시파 회화」까지 한장요약

■ 창 시 자 : 화가 전영근
■ 핵심 개념 : 4차원 예술

빛은 단순한 시각 효과가 아니라,
시간 속에서 응결하여 흔적으로 남는 존재의 증거이다.

■ 논리 전개
순간의 고정 – 찰나를 붙잡아 시각화
시간의 응결 – 과거·현재·미래가 교차하는 장
존재의 흔적 – 사라진 빛조차 부재의 흔적으로 남음

■ 예술사적 의의
'빛의 화석 → 광시 → 광시파 회화'는 회화를 철학적 사유
의 장으로 확장시켰다.
화가 전영근은 한국 현대미술에서 독창적 미학 운동을 창시
하고자 한다.

Ⅲ. 광시파 회화 표현 방법

1. 추상적 색채 층위

방법 : 투명·반투명·불투명 색채를 차례로 겹쳐 빛의 '잔여'를 기록.
논리 : 색채는 단일한 표면이 아니라 시간의 층위이며, 각 층은 '과거의 순간'을 보존.
효과 : 화면 전체가 '시간의 퇴적층(堆積層)'처럼 인식됨.

2. 구상적 이미지와의 병치

방법 : 특정 사물·인물·풍경의 흔적을 드러낸 후, 추상적 색채 층으로 덮고 다시 드러내기.
논리 : 구상적 이미지는 '빛의 기억'을 환기시키고, 추상적 층위는 '시간의 흐름'을 부여.
효과 : 시각적 재현과 시간적 흔적이 공존하는 이중 구조 형성.

3. 색채의 시간적 간섭

방법 : 동일 색조를 다른 시간 간격으로 올려, 건조·습윤 상태의 차이를 남김.
논리 : 같은 색이라도 시간의 층위에 따라 다른 존재감을 지닌다.
효과 : 색채가 단순히 '병렬된 면'이 아니라 '시간이 침전한 흔적'으로 드러남.

4. 우연적 흔적의 포섭

방법 : 흐름, 균열, 스며듦, 닦아냄 등 우연적 흔적을 선택적으로 남김.
논리 : 시간의 물질적 흔적은 작가의 '의도'와 자연의 '발생'이 공존하는 지점.
효과 : 화면에 '시간–존재'의 이중적 진실성을 부여.

5. 투명/불투명 구간의 대조

방법 : 일부 구간은 투명하게 남기고, 일부는 두텁게 덮어 '보임/가림'의 시간차를 만든다.
논리 : '보임'은 현재, '가림'은 과거 혹은 미래로 작동한다.
효과 : 화면 자체가 시간의 비가시적 흐름을 지시.

6. 색채의 리듬화

방법 : 색채의 반복·변형을 통해 리듬 구조를 만들어 관람자의 시간적 지각을 자극.
논리 : 색채는 고정된 대상이 아니라, 시간의 '맥박'을 드러내는 리듬 요소다.
효과 : 관람자가 '시각적 음악성'을 체험함.

최종명제

광시파 회화는 추상과 구상의 색채 층위를 겹쳐, 시간–빛 사건을 화면 위에 구현하는 방법론이다.

Ⅳ. 광시파 회화 작업 프로세스

1. 준비 단계

캔버스와 바탕층 선택: 흡수성/비흡수성 바탕을 실험.
재료 결정: 아크릴, 유화, 혼합재료 등 매체별 빛·시간의 흔적성 확인.

2. 1차 층위: 빛의 흔적

방법: 얇은 투명 색채층을 여러 번 중첩하여 빛의 흐름 기록.
의미: 초기 층은 시간의 '배경 기억' 역할.

3. 2차 층위: 구상적 흔적

방법: 사물·인물·풍경 등의 구상적 요소를 드로잉 또는 부분 채색으로 삽입.
의미: 현실의 흔적 = '빛의 화석'의 최초 형상.

4. 3차 층위: 추상적 덮음

방법: 반투명 색채를 겹쳐 구상적 흔적을 가리고 드러내기를 반복.
의미: '현재의 층위' 속에서 과거와 현재가 공존.

5. 시간적 개입

방법: 건조 시간의 차이를 두고 같은 색을 반복 → 균열·스며듦·흔적 발생.
의미: 우연적 흔적은 시간의 물질적 증거.

6. 투명/불투명 대비

방법: 일부 구간은 두껍게, 일부는 얇게 남겨 '보임/가림' 차이를 극대화.

의미: 현재(보임)와 과거 · 미래(가림)의 시간차 구현.

7. 완성 단계

최종 효과: 추상적 색채와 구상적 흔적이 시간의 층위 속에서 공존.
미학적 귀결: 화면 자체가 '광시(光時, Light–Time)'의 시각적 증거가 됨.

결 론

광시파 회화는 실험(겹침 – 덮음 – 드러냄) 과정을 통해, 빛과 시간의 사건
을 캔버스 위에 물질적으로 구현하는 작업 방법론이다.

최종 논리 구조

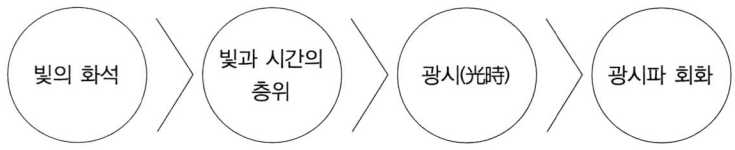

빛의 화석 〉 빛과 시간의 층위 〉 광시(光時) 〉 광시파 회화

V. 문학의 광시파적 접근론

시학

서론

광시파 시학은 시간과 빛이 서로를 어루만지며 흐르는 세계에서 시작된다. 빛은 흘러가고 시간은 숨을 쉬며 마음은 그 사이에서 흔들린다. 전통적 시가 언어의 울림으로 마음을 움직였다면 광시파 시학은 빛의 떨림 속에서 감각과 감각이 서로를 비추는 순간을 따른다.

독자는 시를 읽지 않는다. 빛의 파동 속으로, 시간의 흐름 속으로 호흡하며 들어가 자신의 내면이 흔들리고 울리는 것을 느낀다. 빛은 단순한 시각적 대상이 아니라 시간 속에 스며든 존재의 숨결이고 시간은 빛의 떨림 속에서 체감되는 질료이다.

시인은 언어로 빛과 시간의 교차를 포착하고 독자는 그 안에서 새로운 감각과 의미를 발견한다. 광시파 시학은 시적 언어의 경계를 넘어 독자와 세계 사이의 관계를 새롭게 열고 존재와 인식이 서로를 비추며 만들어 내는 조화를 탐색하는 여정이다.

빛 속에, 시간 속에, 마음 속에 모든 존재가 함께 춤추는 세계 그곳이 광시파 시학의 시작이다.

1. 광시파 시학의 기원

광시파(光時派)는 회화에서 출발하였으나, 그 본질은 빛과 시간의 상호작용에 대한 미학적 사유이다. 따라서 문학 또한 광시파적 접근을 필요로 한다. 문학의 언어는 시간을 담는 그릇이며, 빛은 그 언어에 생명력을 부여하는 원리이다.

2. 언어와 빛의 관계

광시파적 문학에서 언어는 단순한 기호가 아니라 빛의 흔적이다. 언어는 말해지는 순간 사라지지만 동시에 시간 속에서 화석처럼 남아 기록된다. 시는 이 빛의 화석을 발굴하여 새로운 의미로 되살리는 작업이다.

3. 시간의 구조와 시적 형상

광시파적 시는 과거와 미래가 현재 속에서 겹쳐지는 구조를 보여준다. 시적 형상은 언제나 균열된 현재에서 발생하며, 언어는 그 균열을 가시화하는 역할을 한다. 따라서 광시파의 시는 선형적 서술이 아니라, 균열과 파편, 그리고 빛의 반사로 이루어진 언어적 조형이다.

4. 문학의 미학적 원리

① 빛의 화석화 – 말해진 언어가 시간 속에 고정되는 원리
② 균열의 미학 – 과거와 미래가 스며드는 현재의 틈새
③ 잔광의 영원성 – 소멸 이후에도 남는 흔적의 의미
④ 파편의 총체성 – 분열된 조각이 빛 속에서 하나로 귀결된다.

5. 문학과 회화의 교차

광시파 문학은 회화와 긴밀히 연결된다. 회화가 빛과 색채의 겹침을 통

해 4차원의 시간을 드러내듯, 시 또한 언어의 겹침과 울림을 통해 다차원적 시간을 형상화 한다. 따라서 광시파 문학은 시각적 감각과 청각적 리듬을 동시에 추구하는 종합예술적 성격을 띈다.

6. 선언 : 광시파 시학의 지향

광시파 시학은 빛과 시간의 언어를 탐구하며, 존재와 부재, 생성과 소멸의 역설 속에서 새로운 미학적 언어를 창출한다. 우리의 시는 단지 세계를 묘사하는 것이 아니라, 세계를 빛의 시간 속에서 다시 태어나게 한다.

1) 광시적 언어
개념: 언어를 단순한 기호가 아니라 '빛의 흔적'이자 '시간의 화석'으로 이해.
전개: 한 단어, 한 문장은 순간적으로 빛나고, 이후에는 독자의 기억 속에서 퇴적된다.

2) 시간의 층위적 서사
개념: 사건의 직선적 전개 대신, 시간의 중첩 · 회귀 · 균열을 표현.
방법: 다성적 화자
시간: 간섭적 서술
효과: 독자는 '이야기의 빛'이 여러 시간층에서 비치는 경험을 한다.

3) 추상과 구상의 언어적 겹침
개념: 시적 상징(추상)과 구체적 이미지(구상)의 반복적 겹침.
예시: 시에서 "빛"은 존재론적 상징(추상)이면서 동시에 태양, 전등, 불꽃(구상)으로 등장.
효과: 독자는 의미와 감각을 동시에 경험 → 언어가 시간적 공명을 만들어냄.

4) 우연적 언어의 흔적

개념: 말실수, 파편적 문장, 의도적 공백 등을 문학의 중요한 흔적으로 활용.

논리: 언어의 균열은 시간과 존재가 개입하는 '우연성의 자리'이다.

5) 광시적 독서 경험

개념: 독자는 작품을 따라가며 '현재의 읽기'와 '기억의 퇴적'을 동시에 경험.

효과: 문학은 단순한 줄거리가 아니라 '시간–빛 사건'을 언어로 구현하는 장치가 된다.

결론

광시파 문학은 언어를 '빛의 화석'으로 간주하고, 시간의 층위를 서사와 이미지 속에 구현한다. 회화가 빛과 시간의 층위를 시각적으로 드러낸다면, 문학은 이를 언어와 기억의 층위로 드러낸다.

빛의 화석

시간은 흘러가지만
빛은 그 자리에 남아
돌 속에 스며든 물처럼
기억의 틈새에 굳어간다.

나는 오늘의 빛을 붙잡아
내일의 그림자 속에 묻는다.

그리하여 언어는
빛의 화석이 되어
다시 또 다른 시간을 비춘다.

이 시의 구조적 특징 구상 : "돌, 물, 그림자" → 현실적 이미지
추상 : "기억, 시간, 언어" → 철학적 개념
겹침 : 구상과 추상이 교차하며 '광시파적 층위' 형성
시간성 : 오늘−내일, 흐름−응고, 순간−화석의 긴장

광시파 시 창작 방법론

1. 주제 선택 : 빛과 시간
원칙: 모든 시적 발화는 '빛'과 '시간'을 중심 개념으로 확장.
실천: 자연의 빛, 인공의 빛, 기억 속의 빛 → 다양한 시간성에 배치.

2. 언어의 화석화
원칙: 단어는 순간적으로 반짝이다가, 문맥 속에 퇴적되는 흔적이 된다.
실천: 반복, 중첩, 잔향의 언어를 사용 → 한 단어가 여러 층위에서 울림.

3. 구상과 추상의 교차
원칙: 이미지(구상)와 상징(추상)을 교차시켜 겹침의 층을 만든다.
실천: 예) "빛 = 태양(구상)" ↔ "빛 = 존재의 기억(추상)"

4. 시간적 겹침의 서술
원칙: 직선적 흐름 대신 시간의 반복·균열·회귀를 언어로 구현.
실천: 과거형과 현재형을 교차 사용. 미래의 사건을 현재에 병치.
시간 간섭적 이미지 삽입

5. 우연적 흔적의 수용
원칙: 파편적 문장, 공백, 단절도 의미의 일부로 수용.
실천: 의도적 침묵, 단어의 끊김, 여백의 배치 → 시간의 균열을 드러냄.

6. 독서의 시간성
원칙: 독자가 현재 읽는 순간과 기억 속 퇴적이 동시에 작동하도록 구성.
실천: 구절 반복, 변주, 리듬적 파동을 통해 잔향을 남김.

결론
광시파적 시는 빛과 시간의 사건을 언어로 응고시키고, 구상과 추상을
교차시켜 층위적 경험을 창출하며, 독자로 하여금 '현재의 읽기 + 기억
의 퇴적'이라는 이중적 시간성을 경험하게 한다.

VI. 광시파적 음악

서론

광시파적 음악은 빛과 시간, 소리가 서로 어루만지며 흐르는 세계에서 시작된다. 소리는 떨리고 빛은 춤추며 시간은 숨을 쉬고 마음은 그 사이에서 흔들린다. 전통적 음악이 음의 리듬과 화음으로 감정을 움직였다면 광시파적 음악은 빛과 시간 속에서 소리와 감각이 서로를 비추는 순간을 따른다.

청자는 음악을 단순히 듣지 않는다. 빛의 파동과 시간의 흐름 속으로 호흡하며 들어가 자신의 내면이 떨리고 울리는 것을 느낀다. 소리는 빛과 시간 속에 스며든 존재의 숨결이며 시간은 소리의 떨림 속에서 체감되는 질료이다.

음악가는 이 빛-시간-소리의 교차를 포착하고 청자가 그 안에서 새로운 감각과 의미를 발견하도록 안내한다. 광시파적 음악은 음악적 언어의 경계를 넘어 청자와 세계 사이의 관계를 새롭게 열고 존재와 인식, 소리와 빛, 시간과 마음이 서로를 비추며 만들어 내는 하모니를 탐색하는 창작의 여정이다.

빛 속에, 소리 속에, 시간 속에, 마음 속에 모든 존재가 함께 울리고 춤추는 세계 그곳이 광시파적 음악의 시작이다.

음악의 광시파적 접근 논리

1. 빛과 소리의 공통 원
광시파 미학에서 빛은 단순한 시각적 요소가 아니라 시간의 흔적이다. 음악 또한 소리라는 파동을 통해 시간 속에서만 존재할 수 있다. 즉, 빛과 소리는 모두 시간을 형상화하는 매개체라는 점에서 본질적으로 연결된다.

2. 광시파적 음악의 특징
①광채적 리듬 – 음악의 리듬은 빛의 맥박처럼, 시간의 파동을 드러냅니다.
② 색채적 화음 – 음색과 화성은 빛의 스펙트럼과 같이 중첩과 혼합으로 형성된다.
③ 잔향의 영원성 – 음악이 끝난 뒤에도 남는 잔향은 '빛의 잔광' 처럼 소멸 이후의 지속을 상징한다.
④ 균열의 음향학 – 불협화음과 침묵은 빛의 균열처럼, 시간의 틈을 가시화한다.

3. 시간의 다층적 구조
광시파 회화가 색채의 겹침으로 다차원적 시간을 표현하듯, 음악은 리듬의 중첩, 화성의 중층, 음향의 반향으로 다층적 시간을 형상화한다. 따라서 광시파적 음악은 단선적 멜로디를 넘어, 시간의 복수성을 드러낸다.

4. 음악적 표현 방법
빛의 리듬화: 빠른/느린 템포를 통해 빛의 속도와 정지의 체험을 표현.
음색의 스펙트럼화: 다양한 악기의 혼합으로 빛의 스펙트럼을 음향화.

침묵의 회화화: 쉼표와 정적을 통해 어둠 속 빛의 존재를 드러냄.

잔향의 철학화: 소리가 끝난 후의 여운을 음악적 사유의 장으로 확장.

5. 철학적 의의

광시파적 음악은 단순한 소리의 조합이 아니라, 시간을 빛의 언어로 번역하는 행위이다. 그 속에서 우리는 존재와 부재, 소멸과 지속, 침묵과 울림이 교차하는 우주의 질서를 체험하게 된다.

음악 작곡 기법

1. 빛의 리듬화

빠른 템포와 느린 템포를 교차 배치하여, 빛의 속도와 정지, 순간과 영원을 표현한다.
박자의 불규칙적 전환은 시간의 균열을 드러낸다.

2. 스펙트럼 화음

현악기의 미세한 음정 차이, 관악기의 미묘한 음색 차이를 중첩시켜 빛의 스펙트럼을 음향화한다. 전통적 화성 대신 스펙트럼 음악기법을 활용해 음향의 색채적 층위를 탐구한다.

3. 침묵의 조형

쉼표와 긴 정적을 음악적 구조의 일부로 적극 활용한다.
침묵은 단순한 공백이 아니라, 어둠 속에서 빛을 예비하는 장(場)이다.

4. 잔향의 확장

잔향과 울림의 지속을 의도적으로 강조하여, 소멸 이후에도 남는 흔적을 음악화 한다.
금관악기나 타악기의 여운, 전자음향의 지속음을 활용할 수 있다.

5. 파편적 구조

멜로디를 완결적 서사로 제시하지 않고, 단편·파편으로 나누어 제시한다.
파편들은 서로 간섭하며, 최종적으로 빛 속에서 하나의 총체로 귀결된다.

6. 4차원적 음향 공간

음향을 단순히 수평적(시간)·수직적(화음)으로만 구성하지 않고, 공간적 배치를 활용한다.
관객을 둘러싸는 사운드(서라운드, 공간음향)를 통해 빛의 시간–공간적 확장을 체험하게 한다.

7. 광시파적 작곡의 예시 구조

서주(빛의 탄생): 고요 속에서 미세한 음들이 점멸하며 등장.
전개(빛의 확산): 리듬과 화음이 중첩되며 스펙트럼 형성.
클라이맥스(빛의 폭발): 겹겹의 파편적 선율이 충돌하며 강렬한 시간의 균열 제시.
종결(빛의 화석): 점차 소리가 사라지고, 잔향과 침묵만이 남아 영원을 암시.

요약

4차원적 음악은 단순한 감각적 쾌락이 아니라, 빛의 시간성과 존재의 철학을 소리로 구현하는 예술이다. 이는 곧 회화(빛의 색채) – 문학(빛의 언어) – 음악(빛의 소리)가 하나의 미학적 궤도를 공유한다는 의미를 가지게 된다.

1. 광시파적 시로 표현

베토벤 「운명 교향곡」 1악장

운명은 문을 두드린다 —
네 번의 큰북 소리,
빛과 어둠이 교차하며
시간의 심장을 두드린다.
폭풍은 선율이 되어
끊임없이 솟구치고,
조율되지 않은 파편들이
하나의 거대한 스펙트럼으로 융합된다.
그리고,
침묵조차 떨리고 있다.

2. 캔버스 구현을 위한 기호적 구조

회화적 기호 전개

→「□■□■」: 검은 사각형과 흰 사각형의 교차.
폭풍의 상승→「↑↑↑」: 점점 커지는 화살표, 상승하는 에너지.
파편적 선율의 융합→「◇◇◇ → ◎」: 파편들이 하나의 원으로 수렴.
침묵의 떨림→「( )」: 비어 있으나 파동을 암시하는 괄호.
이렇게 하면 베토벤 「운명 교향곡」 1악장이
음악적 : 네 번의 운명 동기 →
시적 : "운명은 문을 두드린다" →
회화적 :「/////」「□■」「↑ ↑ ↑」 등의 기호로 전환된다.

Ⅶ. 광시파 융합미학

서론

빛은 단순히 눈으로 보는 것이 아니라, 시간을 꿰뚫는 존재의 숨결이다. 광시파(光時波)는 그 숨결 속에서, 현실과 꿈, 의식과 무의식, 존재와 공허를 이어주는 은밀한 파동을 읽는다.

작품은 더 이상 고정된 이미지가 아니다. 그것은 빛 속에서 춤추고, 시간 속에서 호흡하며, 관람자의 의식과 공명하는 살아 있는 존재다. 관람자는 그 안에서 흐르는 빛과 시간을 따라 호흡하며, 자신의 내면과 세계의 경계를 재정렬한다.

광시파 융합미학은 단순한 장르의 결합이 아니라, 존재의 층위와 인식의 파장을 탐험하는 철학적 여행이다. 이 여행 속에서 우리는 빛의 흐름을 따라 새로운 시각과 새로운 감각을 경험하고, 예술이 세계를 새롭게 발명하는 장이라는 사실을 목격한다.

빛과 시간, 의식과 감각이 하나로 얽히는 이 공간 속에서, 예술은 우리의 존재와 세계를 다시 쓰는 언어가 된다. 광시파는 그 언어를 읽는 눈이며, 그 언어 속을 여행하는 마음이다.

1. 철학

광시파의 철학은 "빛과 시간"을 존재론적 근원으로 삼는다. 빛은 현현(顯現), 시간은 소멸의 흐름이며, 둘이 결합할 때 "영원의 화석"이 된다. 따라서 광시파 철학은 존재를 순간 속의 영원, 소멸 속의 흔적으로 이해한다.

2. 문학

문학에서 광시파는 언어를 '빛의 파편'으로 본다. 시는 순간적으로 반짝이는 빛의 파편을 수집하여, 그것을 시간의 화석으로 응결시킨다. 따라서 광시파 문학은 파편적 언어의 집합 → 존재의 전체성이라는 역설을 실험한다.

3. 회화

광시파 회화는 추상적 색면과 구상적 이미지가 겹쳐지며, 빛과 시간이 교차하는 공간을 창출한다. 빛의 흔적은 붓질, 색의 스펙트럼, 층위의 중첩으로 구현된다. 따라서 광시파 회화는 보이는 것과 보이지 않는 것을 동시에 포착하려 한다.

따라서 빛과 시간의 대화를 듣는 예술이다.

4. 음악

광시파 음악은 리듬과 화음이 아니라, 빛과 시간의 파동을 소리로 번역한다. 빛의 스펙트럼은 화음의 중첩으로, 시간의 균열은 리듬의 불규칙으로 구현된다.

VIII. 광시파의 철학적, 종교적 의미

1. 철학적 의미

광시파의 철학적 의미는 존재와 시간, 그리고 빛의 상호관계에 기반한다. 존재는 정적인 실체가 아니라, 시간 속에서 드러나며 빛을 통해 그 진실을 드러낸다. 이때 빛은 단순한 물리적 현상이 아니라, 존재가 자신을 드러내는 근원적 매개체이다. 따라서 광시파 예술은 "존재는 시간 속에서, 빛을 통해 드러난다"는 철학적 명제를 시각적 · 청각적으로 탐구하는 하나의 형식이 된다.

광시파의 이러한 관점은 서양철학의 존재론적 탐구와 연결되며, 동시에 동양철학의 '무상(無常)' 사상과도 호응한다. 모든 사물은 변화하며, 그 변화의 과정에서 존재의 진실이 드러난다. 광시파 예술은 변화와 드러남의 순간을 포착하여 인간과 세계의 본질을 성찰하게 하는 철학적 탐구의 장으로 기능한다.

2. 종교적 의미

광시파의 종교적 의미는 특정 교리나 제도적 종교에 국한되지 않는다. 오히려 그것은 빛과 시간의 우주적 리듬 속에서 인간 정신이 신성과 접속할 수 있는 보편적 가능성을 제시한다.

여기서 신성은 특정 종교의 신격을 뜻하지 않고, 인류 전체가 공유할 수 있는 근원적 성스러움을 가리킨다.

광시파 예술은 예술적 체험을 통해 초월을 가능하게 한다. 음악은 시간의 리듬 속에서 영혼을 울리고, 회화는 빛의 형상 속에서 영적 통찰을 열어준다. 이러한 예술적 경험은 인간을 세계와 연결시키며 동시에 세계 너머의 신성에 다가서게 한다. 결국 광시파는 '예술종교성(artistic religiosity)'을 구현하는 장으로 작동하며, 인간의 삶 전체를 성스러운 차원으로 확장한다.

광시파적 관점에서 본 불교의 시간과 존재

전통적 불교에서는 시간과 공간이 연속적이고 순환적이며, 모든 존재는 인연으로 연결되어 있다. 광시파적 해석에서는 이를 4차원적 시간-빛 구조로 이해하고 시간은 선형적 흐름이 아니라, 동시다발적이고 층위가 겹친 구조이다. 존재의 순간은 빛의 굴절처럼 다양한 가능성과 차원 속에서 동시에 존재하며, 우리의 인식에 따라 드러나는 모습이 달라진다.

1. 깨달음(悟)의 광시파적 이해
깨달음은 단일한 상태가 아니라, 빛의 파장처럼 여러 차원에서 동시적으로 드러나는 의식의 상태로 이해된다. 개별 자아는 시간의 다층 구조 속에서 빛의 흔적으로 남았다가 다른 차원에서 변형된 형태로 나타나는 존재로 해석할 수 있다.

2. 업(業)과 인연(因緣)의 광시파적 구조
업은 빛의 파동처럼 확산하고 중첩되는 에너지 패턴이며 개인의 행동과 세계의 사건이 동시다발적 시간층에 파동으로 기록되고 서로 간섭하게 된다. 업의 결과는 단순히 미래 사건이 아니라 다차원적 시간 속에서 다양한 형태로 나타나는 가능성 의 스펙트럼이다.

3. 명상과 광시파
명상 수행은 의식의 빛이 시간-차원 속에서 흐르며 겹쳐지는 구조를 체험하는 과정이며 선형적 인과가 아닌 다층적 관계망 속에서 존재를 인식하게된다.

4. 예술적 · 시각적 해석
광시파적 불교에서는 윤회, 업, 깨달음을 빛과 색채, 파동, 4차원적 도형으로 표현할 수 있다.

예시)

윤회: 겹겹이 쌓인 빛의 원형 스펙트럼

업: 시간 속 파동으로 기록된 빛의 흔적

깨달음: 여러 파장이 동시에 공명하여 형성된 고요한 빛

광시파적 불교의 핵심 요약

시간과 존재는 다층적이며 동시적.

업과 인연은 빛의 파동으로 이해.

깨달음은 다차원적 의식의 공명 상태.

명상은 의식 파동의 확산 · 수렴 · 공명 체험.

시각적 예술로 윤회 · 업 · 깨달음을 빛과 도형으로 표현 가능.

광시파의 기독교적 이해

빛은 단순한 물리적 현상이 아니라, 신과 인간이 서로를 감지하는 진동이다. 시간은 직선이 아니라, 과거와 현재, 미래가 서로 겹쳐 울려 퍼지는 영적 파동이다. 광시파(光時波, Gwangsipa)는 이 빛과 시간 속에서, 기독교 신앙과 성경의 메시지를 새로운 차원에서 체험하도록 안내한다. 사랑과 구원, 희생과 부활은 단순한 사건이나 교리가 아니라, 빛의 흐름 속에서 반복되고 확장되는 생명의 파동이다. 인간의 삶과 역사 또한 이 시간–빛의 파동 속에서 다층적으로 경험되며, 우리는 그 안에서 신의 계획과 인간의 선택이 교차하는 순간들을 마주한다.

성경의 상징과 이야기는 이제 단순한 문자적 의미를 넘어, 의식과 존재, 감각과 영혼의 흐름속에서 살아 움직인다. 광시파적 관점은 이 흐름 속에서 신앙을 체험적이고 직관적으로 이해하게 하며, 믿음은 머리가 아닌

몸과 마음으로 호흡하는 살아 있는 현장이 된다.

광시파로 본 기독교 이해는 신앙과 철학, 예술적 상상력이 서로 만나, 인간 존재와 신의 관계를 새로운 방식으로 비추는 빛이 된다. 우리는 그 빛 속에서 기독교적 진리와 삶의 의미를 동시에 체험하며, 시간과 빛의 파동 속에서 자신과 세계를 새롭게 만난다.

1. 시간과 존재

전통 기독교: 하느님은 시간을 초월하며, 인간은 선형적 역사 속에서 삶을 경험.

광시파적 해석: 시간은 4차원적 구조를 가지며, 과거 · 현재 · 미래가 겹치고 동시에 존재.

인간 존재는 빛의 파동처럼 여러 가능성과 차원 속에서 펼쳐지며, 하느님의 시각에서 동시에 관통한다.

2. 구원(救恩)

구원은 단순 미래적 사건이 아니라, **시간–빛의 다층 구조 속에서 동시적으로 구현되는 은총(grace)**으로 이해.

예수 그리스도의 희생과 부활은 4차원적 시간 속에서 인간의 마음과 역사에 여러 층위로 영향을 미치는 빛의 사건.

믿음(faith)은 이 빛의 파동과 공명하여 영적 현실을 체험하게 하는 매개.

3. 죄와 은혜

죄는 단순한 행위가 아니라, 시간 속 파동의 불균형으로 이해 가능.

은혜는 이 파동을 조율하고, 인간 의식 속 빛의 흐름을 회복하여 영적 정화를 이룸.

인간은 빛과 시간의 다층 구조 속에서 선택과 회개를 통해 정화와 성장을 경험.

4. 기도와 명상

기도는 단순한 요청이 아니라, 의식의 빛이 하나님과 공명하는 행위.
집중과 묵상은 의식의 파동을 정렬하고, 4차원적 시간 속에서 하나님의
빛과 교차하게 함. 이를 통해 인간은 신성과 연결되고, 영적 통찰을 경험.

5. 예술적 · 시각적 표현

구원: 빛의 파동이 겹쳐 형성된 영적 공간.
희생과 사랑: 겹치는 빛과 색의 층위로 표현 가능.
성령의 임재: 다양한 파장이 공명하며 형성되는 움직이는 빛.
4차원적 도형: 나선형, 원형, 겹치는 구체 등으로 시간과 구원의 다층 구
조를 시각화.

광시파적 기독교의 핵심 요약

시간과 존재는 다층적이며 동시적. 구원과 성령은 4차원적 빛의 공명으
로 이해. 죄와 은혜는 시간–빛 파동 속에서 균형과 회복으로 표현.
기도와 묵상은 의식과 신성의 빛이 공명하는 수행.
예술적 표현으로 구원, 사랑, 성령의 다층 구조를 빛과 도형으로 구현 가능.

도교의 광시파적 해석

빛은 단순한 자연의 현상이 아니라, 우주와 인간, 의식과 존재를 잇는 은
밀한 진동이다. 시간은 직선이 아닌, 과거와 현재, 미래가 서로 겹쳐 출렁
이는 파동이다. 광시파(光時波, Gwangsipa)는 이러한 빛과 시간 속에서,
도교(道敎, Taoism)의 사상과 수행을 새로운 차원에서 체험하도록 안내한
다.
도(道, Tao)는 고요한 정지 속의 길이 아니라, 우주와 존재가 끊임없이 진
동하며 흐르는 생명의 장(field)이다. 광시파적 관점에서 이 장은 빛과 시

간의 파동 속에서 다차원적으로 펼쳐지며, 인간과 자연, 내면과 외부 세계를 하나로 잇는다. 인간은 이 파동 속에서 자신과 세계, 의식과 무의식, 생명과 존재의 조화를 체험한다. 광시파적 해석은 단순한 철학적 이해를 넘어, 시적 상상력과 수행적 체험을 통해 도의 원리를 몸과 마음으로 느끼게 한다. 광시파로 본 도교 이해는 시간과 빛, 존재와 의식의 상호작용 속에서 '무위(無爲)의 길'을 새롭게 조명하며, 인간과 우주가 하나로 흐르는 장(場)을 체험하게 한다. 우리는 그 흐름 속에서 자연의 리듬과 생명의 파동을 직관하며, 도교적 깨달음을 현대적, 예술적, 철학적 차원에서 재발견한다.

1. 시간과 존재
전통 도교: 자연과 인간은 도(道)에 따라 흐르며, 시간은 순환적이고 유연함.
광시파적 해석: 시간은 4차원 구조로, 선형적 흐름이 아닌 동시적 층위와 상호작용으로 존재. 존재는 기(氣)와 빛의 파동처럼 다층적 구조에서 펼쳐지며, 관찰자와 환경에 따라 다르게 나타남.

2. 도(道)와 자연의 조화
도는 모든 존재의 근원적 흐름이자, 자연과 인간이 조화를 이루는 원리.
광시파적 해석에서는 도는 4차원적 시간-빛의 파동 패턴으로, 모든 현상이 상호작용하며 균형을 이루는 구조로 이해됨. 인간은 도의 흐름에 맞추어 자신의 기와 의식을 빛의 파동처럼 조율하며 삶과 존재를 구현.

3. 기(氣)와 에너지 흐름
기는 생명력이며, 우주와 인간을 연결하는 에너지. 광시파적 관점에서는 기와 빛은 동일한 파동 구조로, 시간과 공간 속에서 움직이며 다층적 상호작용을 함. 수련(내단, 태극권, 명상 등)은 기의 흐름을 정렬하고, 의식의 빛과 공명시켜 내적 조화와 건강을 이루는 수행.

4. 불사(不死)와 내단(內丹)

내단 수련은 신체와 정신을 빛과 기의 파동 속에서 정련하여 생명력의 지속과 확장을 추구. 광시파적 해석에서는 내단은 시간–빛 속에서 의식과 에너지가 공명하며 점진적으로 상승하는 과정으로 이해. 불사는 단순 육체적 영속이 아니라, 의식과 기의 빛이 시간 속에서 다층적 파동으로 존재하는 상태.

5. 명상과 도의 체험

상은 인간 의식을 빛의 파동 속에서 도의 흐름과 합치시키는 수행. 의식은 선형적 경험을 넘어, 다층적 시간과 에너지 패턴 속에서 공명하며, 내적 조화와 깨달음을 체험. 자연 속 관찰과 호흡 조절을 통해 빛과 기의 흐름을 시각화하고 체득.

6. 예술적 · 시각적 표현

도: 4차원적 빛과 파동으로 표현되는 우주의 조화.
기의 흐름: 나선형, 원형, 겹치는 에너지 파동으로 시각화.
내단과 깨달음: 의식의 빛과 기가 공명하며 형성하는 움직이는 구조.
자연과 인간, 시간과 존재의 다층 구조를 색과 빛, 도형으로 표현 가능.

광시파적 도교의 핵심 요약

시간과 존재는 다층적이며 동시적. 도는 4차원적 빛과 파동의 흐름으로 이해. 기와 내단은 빛과 에너지 파동의 조화와 공명을 통한 생명력 확장.
명상은 의식과 도의 빛이 공명하는 수행.
예술적 표현으로 도, 기, 내단의 다층 구조를 빛과 도형으로 구현 가능.

IX. 광시파의 융합적 총체

회화 · 문학 · 음악 · 철학 · 종교

빛과 시간은 단순한 현상이 아니라, 존재와 의식, 인간과 우주를 잇는 진동이다. 광시파(光時波)는 이 흐름 속에서 회화, 문학, 음악, 철학, 종교를 하나의 총체적 경험으로 엮어낸다.

회화는 빛과 공간의 파동을, 문학은 시간과 의식의 울림을, 음악은 진동과 파장을, 철학은 존재와 사유의 구조를 드러낸다. 종교는 인간과 신, 세계와 영혼의 관계를 체험적 · 영적 차원에서 확장한다. 광시파적 융합은 이 모든 흐름이 서로 스며들고 공명하며, 관람자와 참여자가 살아 움직이는 총체적 장 속으로 들어가도록 안내한다. 이 총체는 단순한 장르 혼합이 아니다. 빛과 시간, 감각과 영혼, 존재와 의식이 얽히며 새로운 의미와 경험을 창조하는 장이다. 우리는 그 속에서 현실과 초현실, 자기와 세계, 물질과 정신의 경계를 새롭게 감각하고 재구성한다.

광시파의 융합적 총체는 예술, 철학, 종교가 서로 공명하는 장에서 인간 존재와 세계를 새롭게 조망하게 한다. 우리는 그 흐름 속에서 총체적 존재로서 인간과 우주를 체험하며, 창조적 상상과 사유의 영역을 확장한다.

X. 광시파 예술론(부록포함)

제1장. 광시파(光時派)의 개념

광시파(光時派)는 빛과 시간이 교차하는 지점에서 탄생한 예술 사조이다. 이 사조는 단순히 미술의 새로운 양식을 제시하는 데 그치지 않고, 예술이 존재와 세계를 드러내는 방식에 대한 근본적 질문을 던진다. 광시파는 시간과 빛을 예술의 중심 요소로 삼음으로써, 인간 경험의 본질을 탐구하는 미학적 · 철학적 기반을 마련한다.

제2장. 3차원 예술의 한계를 넘어

광시파 이론은 전통적인 3차원 회화가 지닌 공간적 한계를 넘어, 시간의 흐름과 존재의 변화를 포착하려는 시도이다. 기존의 회화가 고정된 순간을 표현하는 데 머물렀다면, 광시파는 예술속에 '흐름'과 '리듬'을 담아내려 한다. 그리하여 작품은 더 이상 정적인 이미지가 아니라, 시간속에서 생겨나고 사라지는 존재의 진실을 드러내는 장이 된다.

제3장. 광시파의 4차원 구조

광시파의 핵심은 예술을 4차원적 구조 속에서 이해하려는 데 있다. 전통적 회화가 공간(3차원)에 머물렀다면, 광시파는 시간(time)을 제4차원으로 포함시킴으로써 예술의 지평을 확장한다. 여기서 시간은 단순히 흘러가는 배경이 아니라, 존재가 드러나고 변화하는 본질적 조건이다.
빛(light)은 이 시간적 차원을 가시화하는 매개체로 작용한다. 즉, 존재는 빛을 통해 드러나고, 시간 속에서 변하며, 그 과정을 예술은 포착한다. 따라서 광시파의 4차원 구조는 '공간 + 빛 + 시간'의 통합적 틀 속에서 존재의 진실을 드러내는 장치라고 할 수 있다.

제4장. 빛과 시간의 관계

빛은 순간을 드러내고, 시간은 그 순간을 이어준다. 따라서 빛의 표현은 곧 시간의 기록이다.

제5장. 회화적 구현

광시파 회화는 화면 위에 빛의 흔적을 시간의 층위로 쌓는다. 색의 변화, 선의 중첩, 형태의 분열은 모두 시간의 진행을 표현한다.

제6장. 문학적 대응

광시파적 문학은 시어 하나하나를 시간의 잔상처럼 사용한다. 언어는 단지 서술이 아니라, 빛과 시간의 흔적을 새겨 넣는 도구이다.

제7장. 음악적 확장

음악에서 광시파적 접근은 선율과 리듬을 시간 속의 빛의 파동으로 본다. 반복과 변주, 강약의 대비는 빛의 출현과 소멸을 닮아 있다.

제8장. 철학적 기반

광시파의 철학은 "존재는 시간 속에 빛난다"라는 전제 위에 서 있다. 예술은 존재의 빛을 붙잡아 영원으로 확장하는 행위이다.

제9장. 종교적 이해

광시파의 종교적 의미는 특정 교리나 제도적 종교에 머무르지 않는다. 그것은 빛과 시간의 우주적 리듬 속에서 인간 정신이 신성과 접속할 수 있는 보편적 가능성을 제시한다. 이때 신성은 특정 신격이나 교리에 한정되지 않고, 모든 인간이 경험할 수 있는 근원적 성스러움으로 이해된다. 예술은 이러한 신성과의 만남을 가능하게 한다. 음악은 시간의 리듬 속에서 영혼을 흔들고, 회화는 빛의 형상 속에서 영적 직관을 연다. 광시파 예술은 따라서 인간과 세계, 그리고 신성 사이를 이어주는 다리로 기능하며, 예술을 통한 초월적 체험을 드러내는 장이 된다.

제10장. 예술적 융합

광시파의 궁극적 지향은 철학적 사유와 종교적 체험을 예술 속에서 하나로 융합하는 데 있다. 철학은 존재의 근원을 탐구하고, 종교는 신성의 체험을 지향한다면, 예술은 이 두 차원을 감각적으로 형상화하여 인간이 직접 체험할 수 있도록 만든다. 광시파는 회화, 음악, 문학 등 다양한 예술 장르를 시간과 빛이라는 공통 원리 위에서 통합한다. 이러한 융합을 통해 예술은 단순한 미적 활동을 넘어, 인간의 삶과 영성, 그리고 우주적 질서를 하나로 묶는 총체적 구조를 이룬다. 따라서 광시파의 예술은 "예술 = 삶 = 영성"이라는 통합적 원리 위에서, 인간 존재의 진실을 드러내고 초월의 가능성을 열어 주는 창(窓)이 된다.

XI. 부록

1. 광시파(4차원) 회화의 철학적 기초

광시파 회화는 시간과 빛을 단순한 물리적 현상으로 보지 않는다. 시간은 존재의 흐름이며, 빛은 그 존재를 드러내는 본질적 매개체이다. 따라서 광시파적 회화는 화면 속에 단순한 재현을 넘어서, 존재가 시간 속에서 빛나며 생성과 소멸을 반복하는 근원적 질서를 담아내고자 한다.

2. 종교적 해석의 확장

광시파의 종교적 차원은 특정 교리에 국한되지 않는다. 오히려 모든 종교적 전통이 지향해 온 "초월적 빛"의 원리를 포괄하며, 인간과 세계가 궁극적으로 시간과 빛의 영원한 순환 속에서 하나로 연결되어 있음을 드러낸다. 이러한 해석은 종교를 넘어선 보편적 영성의 기반을 형성한다.

3. 예술적 융합의 가능성

광시파는 철학과 종교, 음악과 문학, 그리고 회화를 초월적 차원에서 융합할 수 있는 이론적 토대를 제공한다. 각 예술 장르는 독립적 매체를 지니지만, 그 본질은 모두 시간과 빛의 조율에 있다. 광시파 회화는 이 융합의 중심에서 새로운 예술의 패러다임을 제시한다.

4. 기초 도식의 의미

광시파 회화의 도식은 단순한 형식적 구조가 아니라, 시간과 빛의 상호작용을 시각적으로 탐구하는 철학적 도구이다. 평면 위에 배치된 도식은 관람자로 하여금 4차원의 흐름을 직관적으로 경험하게 하며, 작품을 '보는 것'을 넘어 '시간을 살아내는 체험'으로 이끈다.

광시파 시 15편(해설 포함)

빛과 시간의 시 . Poems of Light and Time
저자. Author : 전영근 . Jeon Young-geun

목차 / Table of Contents

1. 빛의 씨앗

땅속에 묻힌 어둠,
그 속에서 빛이 움튼다.
시간은 기다림의 껍질,
언어는 싹을 터뜨린다.

—

Seed of Light

Darkness buried in the soil,
within it light begins to sprout.
Time is the shell of waiting,
language cracks it open.

해설 | Commentary

빛은 어둠 속에서 태어나며, 이는 부재에서
존재가 발생하는 창조를 상징합니다.
기다림의 껍질은 시간이고, 언어는 그것을
깨뜨리는 힘입니다.

—

Light emerges from darkness, symbolizing
creation from absence. Time is a shell,
and language is the force that breaks it
open.

2. 그림자의 속도

빛은 도망치고,
그 자리에 그림자가 남는다.
나는 그림자의 무게로
빛의 시간을 잰다.

—

The Speed of Shadow

Light escapes,
leaving shadow in its place.
I measure the time of light
by the weight of shadow.

해설 | Commentary
빛은 사라지고 그림자가 남습니다.
존재를 부재로써 재는 역설이 드러납니다.

—

Presence is measured by absence
a paradox revealed through shadow.

3. 빛의 기억

내 눈에 스친 별빛,
이미 사라진 별의 언어.
나는 죽은 빛을 읽으며
살아 있는 오늘을 안다.

—

Memory of Light

Starlight brushed my eyes,the language
of a vanished star.Reading the dead light,I
know today still lives.

해설 | Commentary
별빛은 과거의 죽음을 전하며, 그 죽음을 읽을
때 우리는 현재의 삶을 자각합니다.

—

Dead starlight reveals the persistence of
life in the present.

4. 시간의 균열

빛이 갈라진다,
틈새마다 어제가 새어 나오고
내일이 스며든다.
오늘은 그 틈을 메우지 못한다.

—

Fracture of Time

Light splits apart,
yesterday leaks from each crack,
tomorrow seeps in.
Today cannot seal the gap.

해설 | Commentary

현재는 과거와 미래 사이에서 균열된 상태로
존재합니다.

—

The present exists fractured between
past and future.

5. 언어의 화석

한 단어를 말하고 나면
그 단어는 돌이 된다.
내 입술에서 떨어져
시간 속에 묻힌다.

—

Fossil of Language

When I speak a word,i
t turns into stone.
Falling from my lips,
it buries itself in time.

해설 | Commentary

언어는 순간 사라지면서도 동시에 시간
속에서 응고된 화석이 됩니다.

—

Words vanish as sound but solidify as
fossils of time.

6. 불완전한 빛

어둠이 찢긴 자리에서
빛은 불완전하게 흘러나온다.
그 불완전함이야말로
완전한 증거다.

—

Imperfect Lightt

From the tear in darkness
light seeps out, imperfect.
That imperfection itselfis
the perfect proof.

해설 | Commentary
불완전한 빛이야말로
존재의 확실한 증거입니다.

—

Imperfection affirms existence more than
perfection does.

7. 심연의 빛

바다 밑바닥에서도
빛은 스며든다.
어둠은 빛을 삼키며
자신의 얼굴을 드러낸다.

—

Light in the Abyss

Even at the ocean' s floor
light seeps through.
Darkness swallows it,
yet shows its own face.

해설 | Commentary

어둠은 빛을 삼키면서도 자신을 드러냅니다.
대립은 서로를 통해 존재합니다.

—

Darkness and light reveal each other
through opposition.

8. 빛의 무덤

사라진 시간 위에
빛은 묻힌다.
그 무덤을 파내면
새로운 언어가 태어난다.

—

Tomb of Light

Upon vanished time
light is buried.
Digging that grave,
a new language is born.

해설 | Commentary
빛의 무덤은 새로운 창조의 장소입니다.
죽음은 곧 생성의 조건입니다.

—

The tomb of light becomes a cradle of
creation death as a condition of birth.

9. 투명한 시간

유리창 너머의 빛,
손에 잡히지 않는 시간.
나는 그 투명함 속에서
나의 불투명을 본다.

—

Transparent Time

Light beyond the glass,
time that cannot be held.
Within that transparency
I see my own opacity.

해설 | Commentary

투명 속에서 우리는 오히려 불투명성을
자각합니다.

—

Transparency reveals our own opacity.

10. 빛의 파편

깨진 거울 조각마다
빛은 흩어져 반짝인다.
조각난 나의 얼굴도
그 속에서 하나가 된다.

—

Shards of Light

On each broken shard of mirror
light scatters and gleams.
My fragmented face too
becomes whole within it.

해설 | Commentary

분열된 자아도 빛의 산란 속에서
다시 하나로 귀결됩니다.

—

Fragmented being becomes whole in
scattered light.

11. 언어의 그림자

말이 지나간 자리마다
그림자가 남는다.
나는 침묵의 숲에서
그림자를 따라 걷는다.

—

Shadow of Words

Wherever words have passed,
a shadow remains.
In the forest of silence
I follow those shadows.

해설 | Commentary

말의 그림자는 침묵 속에 남으며,
우리는 부재의 흔적을 따라갑니다.

—

Shadows of words linger,
guiding us through absence.

12. 빛의 호흡

한 번의 숨결 속에
빛은 들어오고 나간다.
그 호흡의 반복이
시간을 이어 붙인다.

—

Breath of Light

Within a single breath
light enters and leaves.
That repetition of breath
stitches time together.

해설 | Commentary
시간은 빛의 호흡 리듬으로 구성됩니다.

—

Time is woven by the breath of light.

13. 불멸의 잔광

촛불은 꺼졌으나
잔광은 남아 있다.
그 희미한 흔적 속에
나는 영원을 본다.

—

Immortal Afterglow

The candle has died,
yet afterglow remains.
Within that faint trace
I glimpse eternity.

해설 | Commentary

잔광은 불멸의 징후로,
꺼진 불 속에서 영원을 드러냅니다.

—

Afterglow unveils eternity
within extinction.

14. 시간의 침전물

강물은 흘러가고
빛은 바닥에 가라앉는다.
그 침전물이야말로
역사의 언어다.

—

Sediment of Time

The river flows away,l
ight sinks to the bottom.
That sediment itself
is the language of history.

해설 | Commentary

빛의 침전물은 역사의 층위이며,
시간의 기록입니다.

—

Sedimented light becomes the stratified
language of history.

15. 다시 태어나는 빛

죽은 별의 흔적에서
새로운 별이 태어난다.
빛은 사라지지 않고
다른 얼굴로 돌아온다

—

Light Reborn

From the trace of a dead star
a new star is born.Light never disappears,
it returns with another face.

해설 | Commentary

빛은 죽음 속에서도 소멸하지 않고
변형되어 귀환합니다.

—

Light never ends it transforms
and returns in new form

발행 및 편집인
전혁림미술관
저자
전영근
편집 디자인
도서출판 수우당
발행일
2025.9.1.
발행처
전혁림미술관
경남 통영시 봉평동 봉수1길 10
055-645-7349

ISBN 979-11-91906-48-6-03190

〈정가 10,000원〉